Albertli

Geschichte eines Appenzeller Bauernbuben

Ein Bilderbuch von Albert Manser

Atlantis Kinderbücher bei Pro Juventute

Der Bub, der unter dem blühenden Kirschbaum sitzt,
heißt Albertli.
Von ihm wird in diesem Buch erzählt.
Albertli versucht seiner Klarinette Töne zu entlocken.
Seine Finger suchen die Tasten.
Er weiß, daß er noch viel lernen muß,
bis er gut spielen kann.
Dennoch hat er jetzt schon andächtige Zuhörer:
Seine Kusinen Elisabeth und Lydia, Tante Marie,
und beinahe könnte man glauben,
daß auch die Tiere lauschen.

Unter der Stalltür von Albertlis Elternhaus steht die Mutter.
Sie ruft: «Albetli, Albetli, heimkommen!
Du mußt dem Vater im Stall helfen.»

Weshalb wohl ruft die Mutter ihren Buben «Albetli»?
Er heißt doch Albertli!
Albertli und seine Familie wohnen
im innerrhodischen Appenzellerland.
Dort läßt man bei vielen Wörtern das «r» weg.
So sagt man «geen» statt gern und «Vodeland» statt Vorderland.

Im Stall ist es warm.
Der Vater füttert die Schweine.
Albertli muß die Kühe melken.
Er beginnt seine Arbeit bei Anna.
Anna ist seine Lieblingskuh.

Wenn alle Kühe gemolken sind,
bringt der Vater die Milch ins Nachbarhaus, zur Zentrifuge.
In dieser Maschine wird der Rahm von der Milch getrennt.
Die Magermilch nimmt der Vater wieder mit.
Er gibt sie den Schweinen zu trinken.
Den dicken Rahm trägt Nachbar Sutter zur Station Hirschberg.
Jeden Tag kann er zwei volle Kannen nach St. Gallen schicken.

Der Vater spült am Brunnen die leeren Gefäße.
Albertli wischt den Hof.
Eben fährt sein Bruder Franz mit Vaters Fuhrwerk vorbei.
Er bringt den Bauern Futtermehl aus der Mühle in Appenzell.
Franz muß vorsichtig fahren –
ein festlicher Alpaufzug kommt ihm entgegen.

Die Bauern und Sennen, die das Vieh auf die Alp treiben,
haben ihre schönen Appenzellertrachten angezogen.
Die Kühe sind sorgfältig gestriegelt.
Melodisch klingen die Schellen,
die sie an bunt verzierten Lederhalsbändern tragen.

Albertli rennt mit großen Schritten an Frau Sutter vorbei.
Er hat heute morgen dem Vater geholfen
und dabei den Schulbeginn vergessen.
Und er braucht doch eine halbe Stunde
vom «Schönenbühl» am Hirschberg bis ins Schulhaus in Appenzell.
Viermal am Tag geht Albertli diesen langen Weg.

Es läutet schon, als Albertli ins Schulzimmer kommt.
Heute dürfen die Schüler erzählen, was sie werden möchten.
Albertli muß nicht lange nachdenken.
«Bildermaler!» möchte er rufen.
Er wagt es nicht einmal zu flüstern,
denn er hat Angst, daß die Mitschüler lachen.
Bildermaler – das ist doch kein Beruf!
Also sagt Albertli: «Konditor!»
Er denkt dabei an die Konditorei Fässler,
an der er eben vorbeikam.
Oft bestaunt er dort die «Biber», die mit Zuckerguß überzogen
und mit bunten Bildern bemalt sind.

Sonntage sind eigentlich langweilig.
Albertli geht zu Tante Marie und Onkel Anton.
Maria und Albertli bauen aus Schuhschachteln eine Eisenbahn.
Puppen und Beinkühe fahren als Passagiere mit.
Beinkühe sind geschnitzte Astgabeln,
mit denen viele Appenzellerkinder spielen.
Bald gibt es Kaffee.

Schulferien! Das Heu ist geerntet, die Kühe sind auf der Alp.
Der Vater hat jetzt weniger Arbeit für Albertli.
Er schickt ihn für vier Wochen zu Verwandten auf die Meglisalp.
Hier gibt es viel zu tun. Albertli melkt die vielen Geißen,
er dreht das Butterfaß,
und manchmal geht er der Tante in der Alphütte zur Hand.
Deshalb heißen er und alle Buben,
die den Bauern helfen, «Handbuben».
Wenn der Handbub Albertli nichts zu tun hat,
steigt er hinauf in die Berge.
Er sucht Edelweiß, pflückt Alpenrosen, und am Sonntag
verkauft er seine rot-weißen Sträuße an Bergwanderer.

Heute ist ein trüber Tag – Albertli denkt an zu Hause.

Albertli ist wieder daheim. Beim Nachbarn sind die Birnen reif.
Herr Koller würde sicher nicht merken,
wenn eine davon fehlt – oder zwei – oder drei.
Heute wagt es Albert! Er ist schließlich schon groß –
ist kein Albertli mehr.
Albert steigt auf den Zaun. Er pflückt eine Birne für Lydia,
eine zweite für Elisabeth. Er greift nach der dritten –
da kommt Herr Koller mit seinem Hund!
Albert fällt vor Schreck vom Zaun, er kann nicht fortrennen.
Er schämt sich. Herr Koller schimpft.

Weil die Mutter keine Zeit hat,
muß Albert nach der Schule einkaufen.
Er sollte die Lebensmittel möglichst schnell nach Hause bringen.
Doch am Bach beobachtet sein Kamerad Forellen.
Albert will helfen,
die quicklebendigen Fische mit den Händen zu fangen.

Auf den Bergen liegt Schnee.
Im Tal fällt eisiger Regen.
Wer jetzt unterwegs ist, braucht einen Schirm.
Der Name des Besitzers ist am Rand aufgemalt.

Heute führt der Vater die Kühe
vom Hausstall im «Schönenbühl» zum Stall im «Weidli».
Er ist froh, daß Albert schulfrei hat
und ihm bei dieser Überfahrt helfen kann.
Etwa zwei Monate werden die Kühe im «Weidli» bleiben.
So lange reicht der Heuvorrat.

Es schneit den ganzen Tag.
Jeden Morgen stapft Alberts Vater
durch den tiefen Schnee zum «Weidli».
Er muß die Kühe füttern, er muß sie melken
und am Brunnen tränken.
Wenn er am Abend wiederkommt,
haben die Flocken seine Spuren zugedeckt.
Er muß sich einen neuen Weg bahnen.

Am 6. Dezember wird im Dorf unten
ein besonders braves Pferd
vor einen besonders schönen Schlitten gespannt.
Sankt Nikolaus und sein Helfer, der «Schmutzli»,
fahren zu den Kindern.
Wann wird ihr Gefährt bei Alberts Elternhaus anhalten?
Was werden die beiden den Kindern bringen?

Morgen ist Weihnachten! Albert schaut heimlich in die Stube.
Dort baut der Vater «de Chlausezüüg» auf.
Er braucht dazu «Chlausebickli» und «Devisli».
Im Appenzellerland weiß man, daß «Chlausebickli»
Lebkuchen mit bunter Zuckerverzierung sind
und daß die kleinen, farbigen Bildchen,
die man zwischen den Lebkuchen sieht, «Devisli» heißen.
Die «Chlausebickli» haben die Kinder
schon im November geschenkt bekommen – bis heute
standen sie im Stubenfenster, jeder sollte sie sehen.

Noch einmal schlafen: Dann wird der Vater ums Haus gehen.
Er verbrennt Weihrauch und das Stechlaub,
das er am Palmsonntag aus der Kirche brachte.
Damit bittet er um Schutz für Familie und Haus.
Am Abend, wenn die Arbeit im Stall getan ist,
wird die Familie in Ruhe Weihnachten feiern.

Am Hirschberg gibt es neben Alberts Elternhaus
noch einen zweiten «Schönenbühl».
Er hat dem Großvater gehört.
Jetzt wohnt dort Onkel Josef mit seiner Familie.
Im Winter ist Albert besonders gern bei seinen Verwandten.
Die Kinder fahren auf ihren Schlitten
den Hang hinunter,
ziehen ihre Gefährte wieder hinauf –
sausen von neuem bergab.

Es regnet. Albert hat Zeit für seine Lieblingsbeschäftigung:
Er zeichnet und malt.
Alberts Bruder Alfred schaut zu.
Er möchte auch so schön malen können.

Die Mutter sitzt am Stickrahmen.
Sie arbeitet an einem Ornament. Albert hat es entworfen.

Die Mutter möchte ihrer Tochter Marieli zeigen,
wie man stickt. Aber Marieli will lieber stricken.
Denn stricken kann es jetzt schon besser als die Mutter.

Sonntagnachmittag. Albert trifft im Dorf seine Kameraden.
Sie beobachten die Ausflügler,
die auf ihren Velos durchs Dorf fahren.
Von Appenzell nach Gais geht es bergauf.
Die meisten Touristen müßen absteigen. Darauf warten die Buben.
«Dürfen wir Ihr Velo bis zur Höhe schieben?» fragen sie.
Viele Ausflügler nehmen das Angebot an
und geben gern einen Batzen für die Hilfe.
Immer wieder rennen die Buben zum tiefsten Punkt zurück,
stoßen ein neues Velo den Berg hinauf, rennen zurück – stoßen …
Immer mehr Batzen scheppern im Hosensack –
das «Chilbigeld» ist verdient!

Alberts Schulzeit ist zu Ende.
Heute sieht er seine Lehrer, die Kapuziner Patres
im Kollegium von Appenzell, zum letztenmal.
Bald wird er von Familie und Freunden,
vom «Schönenbühl» und vom Dorf Abschied nehmen.
Weit drüben in den Jurabergen
wird Albert Hausbursche in einer Bäckerei.
Er hat nicht vergessen, was er werden wollte!

Und als Albert später als richtiger Konditor
«Biber», Lebkuchen und «Devisli» bemalen darf,
ist sein großer Wunsch wieder erwacht:
Er ist Bildermaler geworden,
und er hat in diesem Buch seine eigene Geschichte gemalt.

*Autoren, Illustrator und Verlag danken
der folgenden Stiftung und den Banken für die
wohlwollende Unterstützung:*

*Stiftung «Pro Innerrhoden», Appenzell
Appenzell-Innerrhodische Kantonalbank, Appenzell
Appenzell-Ausserrhodische Kantonalbank, Herisau*

Textliche Bearbeitung:
Elisabeth Waldmann und Dino Larese

8. Auflage 1999
© Atlantis Kinderbücher im Verlag Pro Juventute Zürich 1987
Alle Rechte, auch die des auszugsweisen Nachdrucks
und der fotomechanischen Wiedergabe, vorbehalten.

Druck: Fotorotar AG, CH-8132 Egg

ISBN 3-7152-0127-4

«Albertli» ist auch in französischer, englischer und japanischer Sprache erhältlich:

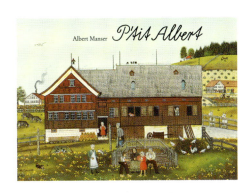

Albert Manser:
P'tit Albert
L'histoire d'un garçon d'Appenzell
Fr. 26.80. ISBN 3-7152-0143-6

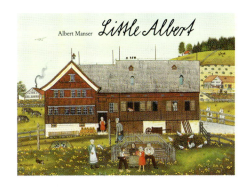

Albert Manser:
Little Albert
The Story of a Farmboy from
Appenzell, Switzerland
Fr. 26.80. ISBN 3-7152-0170-3

Albert Manser:
Little Albert
The Story of a Farmboy from
Appenzell, Switzerland
Fr. 26.80. ISBN 3-7152-0420-6